AF585898

REGLEMENS DE LA PLACE DES CHANGES DE LA VILLE DE LYON,

Proposez par les principaux Negocians de ladite Ville, & consentis par Messieurs les Preuost des Marchands & Escheuins, Iuges, Gardiens, Conseruateurs des Priuileges Royaux de ses Foires:

Omologuez par sa Majesté en son Conseil de Commerce, verifiez en la Cour de Parlement de Paris, & Registrez en la Iurisdiction de la Conseruation des Priuileges Royaux des Foires de ladite Ville.

A LYON,

Chez ANTOINE IVLLIERON, Imprimeur ordinaire du Clergé & de la Ville, ruë Raisin, à l'Enseigne des deux Viperes.

M. DC. LXVII.

REGLEMENS DE LA PLACE

des Changes de la Ville de Lyon, conformes à l'ancien vsage, pour obuier à la continuation de diuers abus, qui se sont glissez sur ladite Place, tant pour le retardement des payemens, qui doiuent estre ponctuels, pour l'honneur & credit du Negoce, que pour les Presentations & Acceptations des Lettres de Change, Virement des Parties, prix des Changes, & autres cas concernans ledit Negoce, lesquels abus, s'il n'y estoit promptement pourueu, feroient à la fin tomber ladite Place dans vn desordre entier, au grand prejudice des Marchands & Negocians, & du general de ladite Ville; Proposez par les principaux Negocians de ladite Ville, soubsignez, & consentis par les Preuost des Marchands & Escheuins, Iuges, Gardiens, Conseruateurs des Priuileges Royaux de ses Foires, pour estre sous le bon plaisir de sa Majesté, Omologuez en son Conseil de Commerce, & en consequence tous Arrests, & Lettres necessaires expediées.

ARTICLE PREMIER.

QVE cy-apres l'ouuerture de châque Payement se fera le premier jour non ferié du mois de chacun des quatre Payemens de l'année, sur les deux heures de releuée, par vne Assemblée des principaux Negocians de ladite

 Place,

Place, tant François qu'Estrangers, en presence de Monsieur le Preuost des Marchands, ou en son absence, du plus ancien Escheuin, qui seront priez de s'y trouuer. En laquelle Assemblée commenceront les Acceptations des Lettres de Change, payables en iceluy, & continueront incessament, à mesure que lesdites Lettres seront presentées, jusques au sixiéme jour dudit mois inclusiuement; apres lequel, & iceluy passé, les Porteurs desdites Lettres pourront faire protester, faute d'Acceptation, pendant tout le courant du mois, & en suitte les renuoyer pour en tirer le rembourſement, auec les frais du retour.

I I.

Que pour faire le compte, & establir le prix des Changes de ladite Place de Lyon auec les Estrangers, il sera fait pareille Assemblée, le troisiéme jour de châcun desdits mois, non ferié, aussi en presence de Monsieur le Preuost des Marchands, ou du plus ancien Escheuin.

I I I.

Que les Acceptations desdites Lettres de Change se feront par écrit, dattées, & signées par ceux sur qui elles auront esté tirées, ou par personnes deuëment fondées de procuration, dont la minutte demeurera chez le Notaire. Et toutes celles qui seront faites par Facteurs, Commis, & autres non fondez de Procuration, seront nulles, & de nul effet contre celuy

celuy ſur qui elles auront eſté tirées, ſauf le recours contre l'Acceptant.

I V.

Que l'entrée & ouuerture du Bilan, & Virement de Parties, commencera le ſixiéme de châque mois deſdits quatre Payemens, non ferié, & continuera juſques au dernier jour deſdits mois incluſiuement, apres leſquels, iceluy paſſé, il ne ſe fera aucun Virement, ny Eſcriture, à peine de nullité.

V.

Que l'on entrera pendant leſdits quatre Payemens en la Loge du Change, le matin à dix heures, pour en ſortir preciſément à onze heures & demie, paſſé laquelle heure, ne ſe feront aucunes Eſcritures, ny Virement de Parties; & pour aduertir de ladite heure, on ſonnera vne cloche.

V I.

Que ceux qui en leurs Achapts de Marchandiſes auront reſerué la faculté de faire eſcompte, ſi bon leur ſemble, ſeront tenus de l'offrir dés le ſixiéme jour du mois de chacun deſdits Payemens, apres lequel, & iceluy paſſé, ils ne ſeront plus receus.

V I I.

Que toutes parties virées ſeront eſcrites ſur le Bilan par les Proprietaires, ou par leurs Facteurs, ou Agens, qui en ſeront les porteurs, ſans qu'ils puiſſent eſtre deſauoüez par leſdits Proprietaires ; & ſeront leſdites Eſcritures auſſi bonnes , & valables, que ſi elles auoient eſté par eux-meſmes eſcrites, & virées.

VIII.

Que tous Viremens de parties ſeront faits en preſence de tous ceux qu'on y fait entrer, ou des porteurs de leurs Bilans, à peine d'en répondre par ceux qui auront fait eſcrire pour les abſens ; & ce ſur les Bilans,& non en feüilles volantes : Et à l'égard des autres perſonnes de la Ville, qui ne portent point de Bilan, ils donneront leurs ordres à leurs Debiteurs par Billets, qui leur ſeruiront de décharge du Payement qu'ils feront des parties, au deſir de leurs Creanciers; Et pour ceux de dehors, pour leſquels les Courretiers diſpoſent les parties, ils donneront auſdits Courretiers pouuoir ſuffiſant, qui ſera remis chez vn Notaire, pour la ſeureté de ceux qui payeront, & pour y auoir recours en cas de beſoin.

IX.

Que les Lettres de Change acceptées, payables en Payement, qui n'auront eſté payées du tout, ou en partie, pendant iceluy, & juſques au dernier jour du mois incluſiuement, ſeront proteſtées dans les trois jours ſuiuans, non feriez, ſans prejudice de l'Acceptation ; & leſdites Lettres, enſemble les Proteſts enuoyez dans vn temps ſuffiſant, pour pouuoir eſtre ſignifiez à tous ceux, & par qui il appartiendra ; Sçauoir

uoir pour toutes les Lettres qui auront esté tirées au dedans du Royaume, dans deux mois ; pour celles qui auront esté tirées d'Italie, Suisse, Alemagne, Holande, Flandres, & Angleterre, dans trois mois ; & pour celles d'Espagne, Portugal, Pologne, Suede, & Dannemark, dans six mois, du jour & datte des Protests, le tout à peine d'en répondre par le Porteur desdites Lettres.

X.

Que toute Lettre de Change payable esdits Payemens, sera censée payée : Sçauoir à l'égard des domiciliez Porteurs de Bilan sur la Place du Change de ladite Ville, dans vn an ; & pour les autres, dans trois ans apres l'escheance d'icelle, & n'en pourra le Payement estre repeté contre l'Acceptant, si l'on ne justifie de diligences valables contre luy faites dans ledit temps.

X I.

Que si les Estrangers remettent en Comptant, ou en Lettre de Change, apres le dernier jour du mois, on ne sera obligé de les receuoir en l'acquittement de leurs traictes faites durant ledit Payement.

X I I.

Que lors qu'il arriuera vne Faillite dans ladite Ville, les Creanciers du Failly, qui se trouueront estre de certaines Prouinces du Royaume, ou des Païs Estrangers, dans lesquels, soubs pretexte de Saisie & Transport,

port, & en vertu de leurs pretendus Priuileges ou Coustumes , ils s'attribuent vne preference sur les effets de leurs Debiteurs faillis, prejudiciable aux autres Creanciers absens & éloignez, ils y seront traitez de la mesme maniere, & n'entreront en Repartement des effets dudit Failly, qu'apres que les autres auront esté entierement satisfaits ; sans que cette pratique puisse auoir lieu pour les autres Regnicoles, ou Estrangers, lesquels estans recognus pour legitimes Creanciers, seront admis audit Repartement de bonne foy, & auec équité, suiuant l'vsage ordinaire de ladite Ville, & de la Iurisdiction de la Conseruation des Priuileges de ses Foires.

XIII.

Que toutes Cessions & Transports sur les effets des Faillis seront nuls, s'ils ne sont faits dix jours, au moins, auant la Faillite publiquement cognuë ; Ne seront neantmoins compris en cét Article les Viremens des parties faits en Bilan, lesquels seront bons & valables, tant que le Failly, ou son Facteur portera son Bilan.

XIV.

Que les Tainturiers, & autres Manufacturiers n'auront priuileges pour les debtes, sur les effets & biens des Faillis, que des deux dernieres années ; & pour le surplus, entreront dans la distribution, qui en sera faite au sol la liure, auec les autres Creanciers.

XV.

X V.

S'il arriue qu'vn Mendataire de diuerſes Lettres de Change acceptées, auſſi Creancier de l'Acceptant, ne reçoiue qu'vne partie de la ſomme totale, & faſſe dans le temps deu le Proteſt du ſurplus, la compenſation legitime de ſa debte eſtant faite, il ſera obligé de repartir le reſtant à tous ceux qui luy auront fait leſdites remiſes, au ſol la liure, & à proportion de la ſomme dont vn chacun des Remettans ſera Creancier.

X V I.

Tous ceux qui ſeront Porteurs de Procuration generale, pour receuoir le payement des Promeſſes, & Lettres de Change, remettront les Originaux de leur Procuration és mains d'vn Notaire, & ſeront leſdits Porteurs de Procuration obligez d'en fournir des expeditions, à leur frais, à ceux qui payeront les ſuſdites Lettres.

X V I I.

Toute Procuration pour receuoir payement de Lettres de Change, Promeſſes, Obligations, & autres debtes, n'aura plus de force paſſé vne année, ſi ce n'eſt que le temps qu'elle devra durer ſoit preciſement exprimé ; auquel cas elle ſeruira pour tout le temps qui ſera enoncé en icelle, s'il n'aparoît d'vne reuocation.

XVIII.

Que les Faillis, & Banqueroutiers, ne pourront entrer en la Loge du Change, ny escrire & virer parties, si ce n'est apres qu'ils auront entierement payé leurs Creanciers, & qu'ils en auront fait apparoir. Et pour donner moyen ausdits Faillis de payer leurs Creanciers des effets qu'ils auront à receuoir, ils le pourront faire par Transports, Procurations, ou ordres, à telles personnes qu'ils aduiseront, lesquels payeront à leur Acquit ce qu'ils ordonneront, & seront nommez pour eux aux parties qui seront passées en escritures.

XIX.

Les Courretiers, ou Agens de Banque & Marchandises de ladite Ville seront nommez par lesdits Preuost des Marchands & Escheuins, entre les mains desquels ils presteront le serment, en la maniere accoustumée, en justifiant par des Attestations des principaux Negocians, en bonne & deüe forme, de leurs vie & mœurs, & capacité au fait & exercice de ladite Charge; & seront lesdits Courretiers reduits à vn certain nombre, & tel qu'il sera jugé conuenable par lesdits Sieurs Preuost des Marchands & Escheuins, sur l'aduis desdits Negocians.

XX.

Que tous Banquiers, Porteurs de Bilan, & Marchands en gros negocians sous les Priuileges des Foires

res de Lyon, ſeront obligez de tenir Liures de Raiſon en bonne & deüe forme; & tous Marchands, Boutiquiers, & Vendans en détail, des Liures journaux; autrement, en cas de déroute, ſeront declarez Banqueroutiers frauduleux, & comme tels, condamnez aux peines qu'ils deuront encourir en ladite qualité.

XXI.

Que tres-expreſſes inhibitions & deffences ſeront faites à toutes perſonnes, de quelque qualité & condition qu'elles ſoient, de contreuenir à ce que deſſus directement ou indirectement, à peine de trois mille liures d'amande contre châque contreuenant, appliquable, ſçauoir le quart à l'Hoſtel-Dieu du Pont du Roſne, le quart à l'Aumoſne Generale, le quart au Denonciateur, & le quart à la reparation de la Loge des Changes; pour le payement de laquelle ils ſeront contraints par corps, ſaiſie, & vente de leurs biens: Et pour plus exacte obſeruation des preſentes, ſera permis à l'vn deſdits Contreuenans, de denoncer les autres Contreuenans auec luy; auquel cas il ſera déchargé, pour la premiere fois, de payer ladite peine, & aura ſon droit de denonciation. Et afin que perſonne n'en puiſſe ignorer, ſeront les preſentes leuës, & publiées à ſon de Trompe, & cry public, & affichées au deuant de l'Hoſtel de Ville, en la Place des Changes, & autres lieux accouſtumez; Et paſſé outre pour le tout, nonobſtant oppoſitions, ou appellations quelconques, & ſans prejudice d'icelles. Signé, Chappuis, Dalichous, Bererd, Hugues André,

dré, Mazenod, de Ponſainpierre, Thomé, Demadieres, Vacheron, P. Boiſſe, Iean Mathieu Dupuis, Rondet, Blauf, Malmont, Simonard, B. Iobert, Rigioly, Raffellin, Ceré, Rolland, Debelly, Thomé freres, Delapraye, Deſſartines, Iean Beneon, Bay, Blaiſe Clairet, Perrin, Gaſpariny, Vareilles, Philibert & Chappard, P. Borde, Fulquery, Le Roy, Albanel, Ranuier, Bernardin Reynon, Perier & Saladin, Monin, Sabot, Arnaud, Paige, Driuon, Pulligneux, Millotet, Mercier, Alexandre, Iean Iuge.

NOvs Preuoſt des Marchands & Eſcheuins de la Ville de Lyon, Preſidens, Iuges, Gardiens, Conſeruateurs des Priuileges Royaux des Foires de ladite Ville; Ayant veu les Reglemens de la Place des Changes, concertez, & propoſez par les principaux Negocians de ladite Ville, qui ont ſigné cydeſſus, & d'autre part; conſentons & approuuons, ſoubs le bon plaiſir de ſa Majeſté, qu'ils ſoient executez ſelon leur forme & teneur; Et pour cét effet, Omologuez par tout où beſoin ſera, & où il plaira à ſa Majeſté de l'ordonner. En témoin dequoy, Nous Paul Maſcranny, Eſcuyer, Seigneur de la Verriere, Preuoſt des Marchands, François Sauaron, Conſeiller, Secretaire du Roy & de ſes Finances, Antoine Bellet, André Falconet, Seigneur de Saint Heruais, Conſeiller & Medecin ordinaire du Roy, aggregé au College de Lyon, & Eſtienne Berton, Seigneur de Flacé, de Villards, & de Nequdois, Conſeiller du Roy

Roy en ses Conseils, & en la Seneschaussée & Siege Presidial dudit Lyon, Escheuins susdits; Auons fait expedier ces presentes, icelles signées, fait contresigner par le Commis au Secretariat, & sceller des Armes de ladite Ville, & Communauté, le 2. jour du mois de Iuin 1667. Signé Mascranny, Sauaron, Antoine Bellet, Falconet, & Berton; & au dessous, par Ordonnance du Consulat. Signé Renaud, auec Paraphes.

Expedié & deliuré la presente Grosse, en consequence de l'Arrest du Conseil de ce jourd'huy 7. Iuillet 1667. qui Omologue le present Reglement, pour estre mis soubs le contreseel dudit Arrest. Collationné BERRYER.

EXTRAIT DES REGISTRES du Conseil d'Estat.

SVR ce qui a esté remonstré au Roy en son Conseil, par les Marchands trafiquans de la Ville de Lyon; Que depuis quelque temps, il s'est glissé beaucoup d'abus, & vn mauuais vsage pour l'Acceptation, Cautionnement, & Protest des Lettres de Change, & pour les Priuileges qui sont attribuez aux Negotians de ladite Ville, pour les Payemens des quatre Foires d'icelle; Ce qui pourra causer vn prejudice notable au Commerce, s'il n'y est promptement remedié par vn Reglement authorisé par sa Majesté, & qui se puisse executer, tant par ceux de ladite Ville, que par tous Marchands François, & Estrangers, & autres personnes. Sur quoy ils auroient arresté à la Loge du Change de ladite Ville de Lyon, vingt-vn Articles des choses principales, sur lesquels ils croyent qu'il est besoin de prononcer, qui ont esté communiquez à aucuns des principaux Marchands de la Ville de Paris, & des autres Villes du Royaume. Et sa Majesté desirant pouruoir, & remedier aux inconueniens qui en peuuent arriuer, elle auroit fait examiner lesdits Articles en sondit Conseil Royal du Commerce ; Et sur le tout, Oüy le rapport du Sieur Colbert, Conseiller audit Conseil, & Controolleur general des Finances : SA MAJESTÉ EN SON CONSEIL ROYAL, a omologué & omologue lesdits Articles, en forme de Reglement arrestez par les Marchands de ladite Ville de Lyon : Ordonne sa Majesté qu'ils seront executez selon leur forme & teneur, sur les peines portées par iceux : Enjoint sa Majesté aux Preuost des Marchands, Escheuins, & Iuges Conseruateurs des Priuileges de ladite Ville, d'y tenir la main, & empescher les Contrauentions qui y pourroient estre apportées, à peine d'en répondre en leurs propres & priuez noms ; Nonobstant les Declarations, Arrests, & Ordonnances qui pourroient auoir esté faites au contraire, ausquelles sa Majesté a derogé & deroge, pour ce regard seulement. Et sera le present Arrest leu, publié, & affiché par tout où besoin sera, &

executé

executé nonobſtant oppoſitions, appellations, & autres empeſchemens, pour leſquels ne ſera differé; & pour cét effet, ſeront toutes Lettres neceſſaires expediées, & ſcellées. FAIT AV CONSEIL D'ESTAT DV ROY, tenu à Compiegne le 7. jour de Iuillet 1667. Collationné BERRYER.

LOVIS PAR LA GRACE DE DIEV ROY DE FRANCE ET DE NAVARRE. A nos chers & bien amez, les Preuoſt des Marchands & Eſcheuins, Preſidens, Iuges, Gardiens, Conſeruateurs des Priuileges des Foires de noſtre bonne Ville de Lyon, ſalut; Suiuant l'Arreſt ce jourd'huy donné en noſtre Conſeil Royal, Nous auons omologué & omologons par ces preſentes, les Articles en forme de Reglement, arreſtez par les principaux Marchands negocians de ladite Ville, cy auec ledit Arreſt attaché ſous le contreſeel de noſtre Chancellerie. A ces cauſes, nous vous mandons & enjoignons de tenir la main, à ce qu'ils ſoient executez ſelon leur forme & teneur, & empeſcher les Contrauentions qui y pourroient eſtre apportées, à peine d'en répondre en vos propres & priuez noms, nonobſtant les Declarations, Arreſts, & Ordonnances que nous pourrions auoir faites au contraire, auſquelles nous auons derogé & derogeons, pour ce regard: Commandons au premier des Huiſſiers de nos Conſeils, ou autre noſtre Huiſſier, ou Sergent ſur ce requis, de faire pour l'execution dudit Arreſt, toutes Significations, Actes, & Exploits, requis & neceſſaires, ſans

autre

autre permiſſion, nonobſtant oppoſitions, appellations, & autres empeſchemens, pour leſquels ne ſera differé: Voulons que ledit Arreſt ſoit leu, publié, & affiché par tout où beſoin ſera, & qu'aux Copies d'iceluy, & des preſentes collationnées par l'vn de nos amez & feaux Conſeiller & Secretaire, foy ſoit adjouſtée, comme aux Originaux; CAR TEL EST NOSTRE PLAISIR. DONNÉ à Compiegne le 7. jour de Iuillet, l'an de grace 1667. Et de noſtre regne le 25. Signé, PAR LE ROY EN SON CONSEIL, BERRYER. Et ſeellé du grand ſceau de cire jaune, ſur ſimple queüe, & contreſeellé du petit ſeel de meſme cire.

Collationné aux Originaux par moy Conſeiller, Secretaire du Roy & de ſes Finances.

www.ingramcontent.com/pod-product-compliance
Lightning Source LLC
LaVergne TN
LVHW012023170826
845678LV00004BA/1624

* 9 7 8 2 3 2 9 6 1 9 8 7 3 *